El diplodoco

Lori Dittmer

CREATIVE EDUCATION

CREATIVE PAPERBACKS

semillas del saber

Publicado por Creative Education y Creative Paperbacks
P.O. Box 227, Mankato, Minnesota 56002
Creative Education y Creative Paperbacks son marcas
editoriales de The Creative Company
www.thecreativecompany.us

Diseño de Ellen Huber
Producción de Rachel Klimpel y Ciara Beitlich
Dirección de arte de Rita Marshall
Traducción de TRAVOD, www.travod.com

Fotografías de Alamy (MasPix, The Natural History Museum, Science
Photo Library, Universal Images Group North America LLC / DeAgostini),
Dreamstime (Elena Duvernay), iStock (jondpatton), Science Source
(Sebastian Kaulitzki, JAMES KUETHER), Shutterstock (Catmando,
Herschel Hoffmeyer, I Wei Huang, SciePro, Vac1), Wikimedia Commons
(Library of Congress Prints and Photographs Division)

Library of Congress Cataloging-in-Publication Data
Names: Dittmer, Lori, author.
Title: El diplodoco / Lori Dittmer ; traducción de TRAVOD.
Other titles: Diplodocus. Spanish
Description: Mankato, Minnesota : Creative Education and Creative
    Paperbacks, [2024] | Series: Seedlings | Includes index. | Audience:
    Ages 4–7 | Audience: Grades K–1 | Summary: "A kindergarten-level
    STEM introduction to the long-necked, long-tailed dinosaur Diplodocus,
    translated into North American Spanish. Covers the prehistoric
    herbivore's body structure, diet, and fossil remains and includes a
    glossary and a labeled image guide to the extinct animal's body parts"—
    Provided by publisher.
Identifiers: LCCN 2022048645 (print) | LCCN 2022048646 (ebook) | ISBN
    9781640267305 (library binding) | ISBN 9781682772898 (paperback) |
    ISBN 9781640008953 (ebook)
Classification: LCC QE862.S3 D58418 2024 (print) | LCC QE862.S3
    (ebook) | DDC 567.913—dc23/eng/20221026

Impreso en China

TABLA DE CONTENIDO

¡Hola, *diplodoco*!

Este dinosaurio vivió hace mucho tiempo.

En esa época, también vivían el *alosaurio* y el *estegosaurio*.

Sabemos que el *diplodoco* existió gracias a sus fósiles.

Se descubrió en 1877.

O. C. Marsh le puso ese nombre.

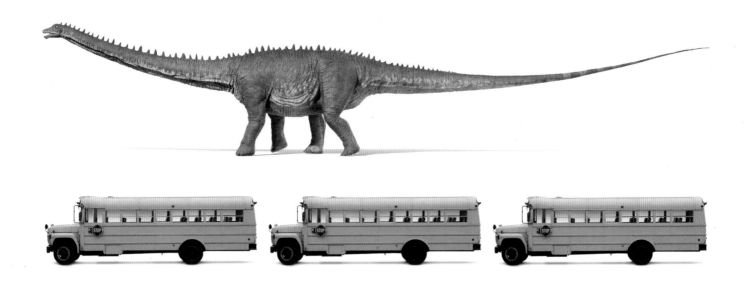

Este dinosaurio era tan largo como tres autobuses escolares.

Tal vez podía pararse en sus patas traseras.

De cada pulgar de las patas delanteras crecía una garra grande.

En la espalda, tenía una fila de púas.

El *diplodoco* caminaba en cuatro patas.

Se movía lentamente. Estiraba el cuello para alcanzar la comida.

El *diplodoco* comía plantas. Sus dientes parecían como clavijas.

Si se le caía un diente,
le crecía otro.

¡Adiós,
diplodoco!

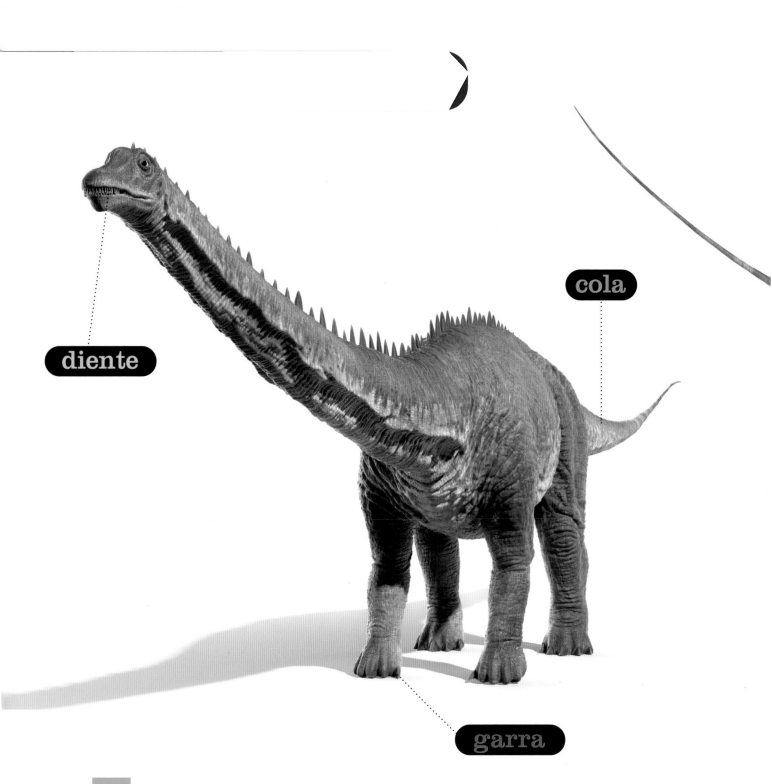

diente

cola

garra

ojo

púas

cuello

pata

pie

Palabras que debes conocer

descubrir: encontrar algo por primera vez o enterarse de ello

fósil: el hueso o rastro de algún animal de hace mucho tiempo que puede encontrarse en algunas rocas

púa: objeto filoso y puntiagudo

trasero: que está en la parte de atrás

Índice